Pesto Rezepte

Das Kochbuch mit den leckersten Pesto Rezepten für jeden Geschmack und Anlass

Maria Wien

Email: info@edition-lunerion.de
www.edition-lunerion.de

Psiana eCom UG
Berumer Str. 44
26844 Jemgum

Vorwort

Pesto ist die vielleicht edelste und purste Form, himmlische Pasta zu genießen: Auf den Punkt gekochte Nudeln als dezenter Hintergrund lassen die raffinierten Saucen ihre verführerische Aromenexplosion entfalten und in jedem Pesto offenbart sich eine ganz Welt an Geschmack! Denn statt Spaghetti & Co. in reichlich Tomatensauce zu ertränken, präsentiert die sorgfältige portionierte Paste ein perfekt komponiertes Geschmacksfeuerwerk, das Sie mit den Rezepten dieses Buches in ungeahnter Vielfalt ganz einfach selbst auf den Teller zaubern. Aromatischer Basilikum, feine Pinienkerne, erlesener Parmesan, aber auch überraschende Zutaten wie Kapern, Spargel, Macadamia oder gar Speck – nur erlesenste Zutaten finden Ihren Weg in den Pesto-Mörser und dabei kommt ein unvergleichlich intensives Geschmackserlebnis in perfekter Harmonie heraus. Dazu finden Sie hier zahlreiche leicht nachzumachende Rezepte, die von Klassikern wie Pesto Rosso über Gemüsevarianten bis hin zu außergewöhnlichen Ideen mit etwa Avocado, Zitronenmelisse oder Nüssen allerhand Überraschungen im Angebot haben. Wie die feinen Saucen am besten gelingen und was es dabei zu beachten gibt, das erfahren Sie nun in diesem liebevoll erstellten Kochbuch. Vor allem aber stöbern Sie hier durch eine Vielzahl an köstlichen Rezepten und entdecken immer wieder geschmackliche Überraschungen und neue Lieblinge!

Guten Appetit!

INHALT

Wissenswertes

Pesto wurde um 1863 in Ligurien erfunden, dabei handelt es sich um eine ungekochte Gewürzpaste, das Wort Pesto bedeutet zerdrückt. Traditionell wird Pesto im Mörser zerrieben. Hierbei ist die Reihenfolge der Verarbeitung der Zutaten wichtig, um die Arbeit zu erleichtern und damit das Pesto zum Schluss die richtige Konsistenz erhält. Zu Beginn werden Basilikumblätter, Pinienkerne und Knoblauch in den Mörser gegeben, anschließend grobes Meersalz. Das Salz hilft dabei, die Zutaten zu zerkleinern. Während des Reibens wird immer wieder etwas Öl hinzugegeben und erst ganz zum Schluss folgt der Käse.

Eine wesentlich schnellere und kraftsparende Verarbeitungsweise ist das Pürieren mit elektronischen Mitteln. Auch bei dem Pürieren im Mixer kann es sinnvoll sein, dieselbe Reihenfolge der Zutaten wie im Mörser einzuhalten, um ein besonders cremiges Resultat zu erhalten. Bei der Verwendung von frischen Kräutern sollte immer darauf geachtet werden, dass alle Zutaten kalt verwendet werden, da das Chlorophyll nicht hitzebeständig ist. So bleibt das schöne Grün erhalten und graut nicht ein. Das kalte Pesto wird einfach auf die frisch gekochten, noch heißen Nudeln gegeben und unmittelbar verzehrt – die heißen Nudeln wärmen die Soße leicht mit auf. Kalt kann ein Pesto wunderbar als Nudelsoße verwendet werden, es eignet sich aber auch auf Kartoffeln, als Dip für Gemüse und Brot, als Topping für vielerlei kalte Gerichte wie Mozzarella mit Tomaten oder auch auf Suppen.

Pesto enthält viel Öl, es sollte daher darauf geachtet werden, ein hochwertiges, kalt gepresstes Öl zu verwenden. Der Klassiker beim Pesto ist Olivenöl, eine gesunde, geschmacksneutrale Alternative ist Rapsöl, aber auch andere Ölsorten können wunderbar verwendet werden.

Um Pesto aufzubewahren, kann es einfach in ein Schraubglas oder Ähnliches gefüllt werden. Um es vor Sauerstoff und somit vor einem vorschnellen Verderben zu bewahren, sollte es glatt gestrichen und eine dünne Ölschicht darüber gegeben werden. Die ungekochte Würzpaste sollte immer im Kühlschrank aufbewahrt werden. Es hält sich im Kühlschrank mit einer Ölschicht bis zu 3 Wochen. Besonders lange wird die leckere Paste haltbar, wenn man sie einfriert. Um das spätere Ausfrieren und Portionieren zu erleichtern, kann das Pesto gleich portionsweise oder in einem Eiswürfelbehälter eingefroren werden. Pesto behält auch nach dem Einfrieren seine Farbe und Konsistenz.

Der Käse macht ein Pesto erst wirklich lecker, doch für Veganer gibt es auch hier gute Alternativen. **Der Hartkäse kann ganz einfach durch veganen Parmesan ersetzt werden, aber auch Hefeflocken sind eine gute und gesunde Alternative.** Während Sie den veganen Parmesan 1 zu 1 im Rezept ersetzen können, sollten Sie bei den Hefeflocken sparsamer sein, da diese einen recht starken Eigengeschmack haben. Verwenden Sie erst 1/3 der angegebenen Menge und dosieren Sie nach Geschmack notfalls etwas nach.

Klassische Pesto-Rezepte

KLASSISCHES BASILIKUM-PESTO

4 Port. | 15 Min. | Leicht

Zutaten

25 g Pinienkerne
2 Knoblauchzehen
½ TL Salz
3 Bund Basilikum
80 g Parmesan
125 g Olivenöl
Prise Pfeffer

Nährwerte p. P.

378 kcal
2 g Kohlenhydrate
38 g Fett
10 g Eiweiß

1 Rösten Sie die Pinienkerne in einer Pfanne ohne Fett an, bis sie goldbraun werden.

2 Waschen Sie das Basilikum, zupfen Sie die Blätter und entsorgen Sie die Stiele.

3 Schälen und würfeln Sie den Knoblauch und geben Sie ihn mit den restlichen Zutaten in einen Mörser.

4 Zerreiben Sie alle Zutaten in dem Mörser so lange, bis eine homogene Soße entsteht. Schmecken Sie ggf. noch ab.

Tipp: Um Zeit zu sparen, können Sie die Zutaten auch in einen Mixer geben.

PESTO ROSSO

6 Port. | 1 Tag | Leicht

Zutaten

200 g getrocknete Tomaten
250 ml Olivenöl
100 g Pinienkerne
30 g Basilikum
120 g Parmesan
½ TL Salz

Nährwerte p. P.

576 kcal
8 g Kohlenhydrate
53 g Fett
15 g Eiweiß

1 Weichen Sie die getrockneten Tomaten über Nacht in dem Olivenöl ein.

2 Waschen Sie das Basilikum, zupfen Sie die Blätter und entsorgen Sie die Stiele.

3 Rösten Sie die Pinienkerne in einer Pfanne ohne Fett an, bis sie goldbraun werden.

4 Geben Sie alle Zutaten in einen Mixer und pürieren Sie die Zutaten so lange, bis eine homogene Masse entsteht und die gewünschte Feinheit erreicht ist. Schmecken Sie ggf. noch ab.

PESTO GENOVESE

2 Port. | 10 Min. | Leicht

Zutaten

1 Knoblauchzehe
1 Bund Basilikum
10 g Pinienkerne
35 g Giovanni Ferrari Parmigiano Reggiano
15 g Giovanni Ferrari Edizione del Maestro
50 g Olivenöl

Nährwerte p. P.

361 kcal
2 g Kohlenhydrate
36 g Fett
9 g Eiweiß

1 Waschen und zupfen Sie das Basilikum, die Stiele werden nicht verwendet.

2 Rösten Sie die Pinienkerne in einer Pfanne ohne Fett an, bis sie goldbraun werden.

3 Schälen und würfeln Sie den Knoblauch, geben Sie alle Zutaten in einen Mixer und pürieren Sie die Zutaten so lange, bis eine homogene Masse entsteht und die gewünschte Feinheit erreicht ist. Schmecken Sie ggf. noch ab.

PESTO CALABRESE

4 Port. 15 Min. Leicht

Zutaten

3 rote Paprika
2 Knoblauchzehen
1 Bio-Zitrone
15 g Basilikum
50 g Parmesan
5 EL Ricotta
100 ml Olivenöl
Prise Chiliflocken
½ TL Salz
Prise Pfeffer

Nährwerte p. P.

335 kcal
10 g Kohlenhydrate
28 g Fett
7 g Eiweiß

1 Heizen Sie den Ofen auf 200 °C Ober-/Unterhitze bzw. 180 °C Umluft vor.

2 Halbieren und entkernen Sie die Paprikas. Geben Sie die Paprikas auf ein Blech und garen Sie diese für 20 Minuten. Wenden Sie sie anschließend und garen Sie sie für weitere 20 Minuten.

3 Schälen Sie den Knoblauch und pressen Sie den Saft der Zitrone aus.

4 Sobald die Paprikas etwas abgekühlt sind, kann die Haut ganz einfach abgezogen werden.

5 Geben Sie das Fruchtfleisch der Paprika mit den restlichen Zutaten in einen Mixer und pürieren Sie alles sehr fein. Schmecken Sie mit Salz und Zitronensaft ab.

PESTO SICILIANA

4 Port. | 15 Min. | Leicht

Zutaten

500 g Strauchtomaten
150 g Ricotta
50 g Parmigiano Reggiano
50 g Pinienkerne
150 ml Olivenöl
1 Bund Basilikum
1 Zehe Knoblauch
½ TL Salz
Prise Pfeffer

Nährwerte p. P.

531 kcal
9 g Kohlenhydrate
48 g Fett
14 g Eiweiß

1 Rösten Sie die Pinienkerne kurz in einer Pfanne ohne Fett an.

2 Waschen und zupfen Sie das Basilikum. Entfernen Sie die Kerne der Tomaten mit einem Löffel, verwenden Sie ausschließlich das feste Fruchtfleisch.

3 Schälen Sie den Knoblauch und geben Sie ihn mit den restlichen Zutaten in einen Mixer. Pürieren Sie alles zu einer feinen Masse. Schmecken Sie mit Salz und Pfeffer ab.

PESTO TRAPANESE

4 Port. 15 Min. Leicht

Zutaten

400 g Datteltomaten
1 ½ Bunde Basilikum
2 Knoblauchzehen
100 g Mandeln, blanchiert
2 EL Pecorino, gerieben
½ TL Salz
Prise Pfeffer

Nährwerte p. P.

203 kcal
7 g Kohlenhydrate
15 g Fett
8 g Eiweiß

1 Bringen Sie Wasser in einem Topf zum Kochen.

2 Ritzen Sie die Haut der Tomaten in der Form eines X an. Blanchieren Sie die Tomaten in dem kochenden Wasser für 30 Sekunden.

3 Rösten Sie die Mandeln in einer Pfanne kurz ohne Fett an. Waschen und zupfen Sie das Basilikum. Ziehen Sie die Haut der noch lauwarmen Tomaten ab.

4 Geben Sie das Fruchtfleisch der Tomaten mit den restlichen Zutaten in einen Mixer und pürieren Sie alles, bis die gewünschte Feinheit erreicht ist. Schmecken Sie mit Salz und Pfeffer ab.

Gemüse-Pestos

PAPRIKA-PESTO

4 Port. 30 Min. Leicht

Zutaten

600 g Paprika
1 Knoblauchzehe
5 Stiele Basilikum
50 g Pinienkerne
50 g Mandeln
60 ml Olivenöl
100 g Parmesan
½ TL Salz
Prise Pfeffer

Nährwerte p. P.

447 kcal
14 g Kohlenhydrate
34 g Fett
19 g Eiweiß

1 Heizen Sie den Backofen auf 200 °C Ober-/ Unterhitze bzw. 180 °C Umluft vor.

2 Halbieren und entkernen Sie die Paprikas und geben Sie sie auf ein Backblech. Backen Sie die Paprikas für 15 Minuten.

3 Waschen und zupfen Sie das Basilikum. Schälen Sie den Knoblauch.

4 Ziehen Sie den leicht abgekühlten Paprikas die Haut ab und geben Sie alle Zutaten in den Mixer. Pürieren Sie alles zu einer cremigen Masse. Schmecken Sie mit Salz und Pfeffer ab.

PAPRIKA-PESTO MIT SCHAFSKÄSE

4 Port. | 10 Min. | Leicht

Zutaten

1 Glas (ca. 280 g) gegrillte eingelegte Paprikaschoten
1 Knoblauchzehe
1 Bund Basilikum
150 g Feta
3 EL Pinienkerne
40 g Parmesan
4 EL Olivenöl
Prise Zucker
Prise Salz
Prise Pfeffer
Prise Paprika, edelsüß

Nährwerte p. P.

206 kcal
7 g Kohlenhydrate
16 g Fett
8 g Eiweiß

1 Waschen und zupfen Sie das Basilikum. Schälen Sie den Knoblauch.

2 Gießen Sie die Paprikas ab und geben Sie diese mit den restlichen Zutaten in einen Mixer. Pürieren Sie alles zu einer feinen Masse. Schmecken Sie mit den Gewürzen ab.

MÖHREN-PESTO

5 Port. 30 Min. Leicht

Zutaten

450 g Möhren, inkl. Möhrengrün
½ Bund frische Petersilie
70 g Sonnenblumenkerne
100 g Parmesan
1 cm frische Ingwerwurzel
2 Knoblauchzehen
100 g Sonnenblumenöl
1 TL Zitronenschale
1 TL Salz
Prise Pfeffer

Nährwerte p. P.

374 kcal
8 g Kohlenhydrate
34 g Fett
12 g Eiweiß

1 Waschen und hacken Sie die Möhren. Schälen und hacken Sie den Knoblauch.

2 Geben Sie Sonnenblumenkerne, Möhrenstückchen und Knoblauch in eine Pfanne mit 1 EL Öl. Braten Sie die Möhren bei geringer Hitze leicht gar.

3 Waschen und zupfen Sie die Petersilie und geben Sie diese zu dem Möhrengrün. Geben Sie alle Zutaten in einen Mixer und pürieren Sie das Ganze zu einer feinen Masse.

AUBERGINEN-PESTO

2 Port. 30 Min. Leicht

Zutaten

1 Aubergine
½ Handvoll Basilikum
2 Knoblauchzehe
65 g Pinienkerne
75 g Parmesan
1 Zitrone
5 EL Olivenöl
½ TL Salz
Prise Pfeffer

Nährwerte p. P.

519 kcal
7 g Kohlenhydrate
46 g Fett
21 g Eiweiß

1 Heizen Sie den Ofen auf 200 °C Ober-/Unterhitze bzw. 180 °C Umluft vor.

2 Halbieren Sie die Aubergine und geben Sie etwas Öl auf die Hälften. Backen Sie die Aubergine für ca. 20 Minuten, die Haut sollte schrumpelig werden und Blasen werfen.

3 Waschen und zupfen Sie das Basilikum und schälen Sie den Knoblauch. Pressen Sie die Zitrone aus.

4 Sobald die Aubergine ausreichend abgekühlt ist, geben Sie alle Zutaten in einen Mixer und pürieren sie zu einer sämigen Masse. Schmecken Sie mit Salz und Zitronensaft ab.

ERBSEN-PESTO

4 Port. | 30 Min. | Leicht

Zutaten

500 g frische Erbsen, alternativ 300 g TK-Erbsen
1 Knoblauchzehe
100 ml Olivenöl
2 EL Pinienkerne
½ Bio-Zitrone
50 g Parmesan
½ TL Salz
Prise Pfeffer
1 Prise Chiliflocken

Nährwerte p. P.

571 kcal
14 g Kohlenhydrate
42 g Fett
32 g Eiweiß

1 Garen Sie die Erbsen in Salzwasser weich.

2 Schälen Sie den Knoblauch. Pressen Sie den Zitronensaft aus und geben Sie ihn zusammen mit den restlichen Zutaten in einen Mixer.

3 Pürieren Sie alles zu einer cremigen Masse.

ZUCCHINI-PESTO

4 Port. 10 Min. Leicht

Zutaten

200 g Zucchini
20 g Basilikum
50 g Pinienkerne
50 g Pecorino Romano, alternativ Parmesan
50 g Parmigiano Reggiano
150 ml Olivenöl
Prise Salz
Prise Pfeffer

Nährwerte p. P.

860 kcal
3 g Kohlenhydrate
72 g Fett
49 g Eiweiß

1 Waschen und zupfen Sie das Basilikum.

2 Geben Sie alle Zutaten in einen Mixer und pürieren Sie diese, bis die gewünschte Feinheit erreicht ist.

ZUCCHINI-MANDEL-PESTO

8 Port. 20 Min. Leicht

Zutaten

100 g Mandeln
75 g Kürbiskerne
3 Knoblauchzehen
150 g Parmesankäse
300 g Zucchini
½ Bund Basilikum
250 ml Olivenöl
1 TL Salz
Prise Pfeffer

Nährwerte p. P.

762 kcal
4 g Kohlenhydrate
64 g Fett
40 g Eiweiß

1 Waschen und zupfen Sie das Basilikum. Rösten Sie Mandeln und Kürbiskerne in einer Pfanne ohne Fett an.

2 Geben Sie alle Zutaten in einen Mixer und pürieren Sie das Ganze zu einem cremigen Pesto.

GRÜNES SPARGEL-PESTO

5 Port. | 40 Min. | Mittel

Zutaten

250 g Spargel
1 Bund Basilikum
1 Knoblauchzehe
2 EL Walnusskerne
120 ml Olivenöl
3 EL Parmesan
1 Bio Zitrone
2 TL Salz
Prise Zucker
Prise Pfeffer

Nährwerte p. P.

353 kcal
3 g Kohlenhydrate
31 g Fett
13 g Eiweiß

1 Bringen Sie in einem Topf 2 Liter Wasser zum Kochen und geben Sie die 2 TL Salz und eine Prise Zucker hinein.

2 Schälen Sie den Spargel und garen Sie ihn 8 Minuten in dem kochenden Wasser.

3 Waschen Sie die Zitrone mit warmem Wasser, reiben Sie die Schale dünn mit einer feinen Reibe und pressen Sie den Saft anschließend aus.

4 Waschen und zupfen Sie das Basilikum, die Stiele werden nicht verwendet. Schälen und würfeln Sie den Knoblauch.

5 Geben Sie die 2 EL des Zitronenabriebes, 5 EL des Kochwassers und die restlichen Zutaten in einen Mixer und pürieren Sie das Ganze so lange, bis eine homogene Masse entsteht und die gewünschte Feinheit erreicht ist. Schmecken Sie ab und geben Sie nach Belieben noch Zitronensaft hinzu.

WEIẞES SPARGEL-PESTO

4 Port. | 30 Min. | Mittel

Zutaten

400 g Spargel
50 g Mandeln
120 g Parmesan
2 Knoblauchzehen
4 EL Olivenöl
1 EL Zitronensaft
1 TL Zitronenschale
Prise Chiliflocken
1 TL Salz
Prise Pfeffer
Prise Zucker

Nährwerte p. P.

306 kcal
5 g Kohlenhydrate
24 g Fett
16 g Eiweiß

1 Bringen Sie 500 ml Wasser zum Kochen und geben Sie 1 Prise Zucker und 1 Prise Salz in das Kochwasser.

2 Entfernen Sie das untere Ende des Spargels und schälen Sie ihn vorsichtig. Kochen Sie den Spargel für 15 Minuten bissfest.

3 Entnehmen Sie den Spargel dem Wasser und lassen Sie ihn abkühlen.

4 Geben Sie alle Zutaten in einen Mixer und pürieren Sie das Ganze, bis eine geschmeidige Masse entsteht.

BROKKOLI-PESTO

4 Port. | 25 Min. | Leicht

Zutaten

200 g Brokkoliröschen
40 g Parmesan
1 Knoblauchzehe
1 Bund Basilikum
20 g Pinienkerne
40 g Olivenöl
1 Bio-Zitrone
2 TL Salz
Prise Chiliflocken

Nährwerte p. P.

210 kcal
5 g Kohlenhydrate
16 g Fett
10 g Eiweiß

1 Bringen Sie 2 Liter Wasser in einem Topf zum Kochen und geben Sie das Salz darauf. Kochen Sie die Brokkoliröschen für ca. 4 Minuten gar.

2 Waschen Sie in der Zwischenzeit die Zitrone mit warmem Wasser, reiben Sie die Schale fein und pressen Sie den Saft anschließend aus.

3 Rösten Sie die Pinienkerne in einer Pfanne ohne Fett an, bis sie goldbraun werden.

4 Waschen und zupfen Sie das Basilikum, die Stiele werden nicht verwendet. Schälen und würfeln Sie den Knoblauch.

5 Geben Sie 1 EL des Zitronenabriebes mit den restlichen Zutaten in einen Mixer und pürieren Sie die Zutaten so lange, bis eine homogene Masse entsteht und die gewünschte Feinheit erreicht ist. Schmecken Sie mit dem Zitronensaft und den Chiliflocken ab.

BLUMENKOHL-KAPERN-PESTO

4 Port. 25 Min. Leicht

Zutaten

200 g Blumenkohl
1 ½ EL Kapern
1 EL Pistazien
100 g Olivenöl
1 EL Zitronensaft
1 EL Petersilie
1 TL Salz
Prise Pfeffer

Nährwerte p. P.

251 kcal
2 g Kohlenhydrate
27 g Fett
2 g Eiweiß

1 Bringen Sie Wasser in einem Topf zum Kochen und blanchieren Sie die Blumenkohlröschen für ca. 2 Minuten, die Röschen sollten noch bissfest sein.

2 Rösten Sie die Pistazien kurz ohne Fett in einer Pfanne an.

3 Geben Sie Blumenkohl, Öl und Petersilie in einen Mixer und pürieren Sie das Ganze fein. Anschließend pürieren Sie die restlichen Zutaten, bis die gewünschte Feinheit des Pestos erreicht ist. Nach Belieben können die Kapern und Pistazien ebenfalls gehackt und anschließend in das fertige Pesto gegeben werden, um etwas mehr Biss zu erhalten. Schmecken Sie anschließend ab.

SELLERIE-PESTO

4 Port. 10 Min. Leicht

Zutaten

12 Stangen Staudensellerie
100 g Pinienkerne
120 g Pistazien
100 ml Olivenöl
1 Zwiebel
½ TL Salz
1 Prise Pfeffer

Nährwerte p. P.

589 kcal
14 g Kohlenhydrate
48 g Fett
19 g Eiweiß

1 Waschen Sie die Selleriestangen und schneiden Sie diese in grobe Stücke.

2 Geben Sie alle Zutaten in einen Mixer und pürieren Sie alles sehr fein. Schmecken Sie mit Salz und Pfeffer ab.

GRÜNKOHL-PESTO

4 Port. 10 Min. Leicht

Zutaten

80 g Mandeln
100 g Grünkohl
10 g Petersilie
150 ml Olivenöl
2 Knoblauchzehen
½ TL Salz
Prise Salz

Nährwerte p. P.

452 kcal
3 g Kohlenhydrate
45 g Fett
6 g Eiweiß

1 Waschen und zupfen Sie den Grünkohl. Schälen Sie den Knoblauch.

2 Geben Sie alles in einen Mixer und pürieren Sie das Ganze, bis die gewünschte Feinheit erreicht ist. Schmecken Sie mit Salz und Pfeffer ab.

LAUCH-PESTO

4 Port. 25 Min. Leicht

Zutaten

50 g Mandeln
1 Stange Lauch
20 g Pecorino oder Parmesan
150 ml Olivenöl
Schale von 1 Bio-Zitrone
etwas Schnittlauch
½ TL Salz

Nährwerte p. P.

421 kcal
3 g Kohlenhydrate
43 g Fett
6 g Eiweiß

1 Bringen Sie Wasser zum Kochen.

2 Waschen Sie den Lauch und schneiden Sie ihn anschließend in Ringe. Kochen Sie den Lauch für ca. 15 Minuten weich.

3 Schneiden Sie den Schnittlauch in Ringe und legen Sie ihn beiseite.

4 Geben Sie alle Zutaten außer den Schnittlauch in einen Mixer und pürieren Sie das Ganze zu einer feinen Masse. Schmecken Sie mit Salz ab und garnieren Sie mit Schnittlauch.

RADIESCHEN-PESTO

4 Port. | 10 Min. | Leicht

Zutaten

3 Radieschen
10 Radieschenblätter
1 Möhre
1 Gurke
3 Knoblauchzehen
1 EL Olivenöl
2 EL Hafersahne
½ TL Salz
Prise Pfeffer

Nährwerte p. P.

66 kcal
5 g Kohlenhydrate
4 g Fett
1 g Eiweiß

1 Schälen Sie den Knoblauch.

2 Geben Sie alle Zutaten in einen Mixer und pürieren Sie das Ganze zu einer feinen Masse. Schmecken Sie mit Salz ab und geben Sie ggf. noch etwas Hafersahne nach, um das Pesto zu verdünnen.

Avocado-Pestos

AVOCADO-PESTO ALLA GENOVESE

3 Port. | 15 Min. | Leicht

Zutaten

1 Avocado
1 EL Pinienkerne
3 Knoblauchzehen
1 Bund Basilikum
2 EL Zitronensaft
60 g Parmesan
3 EL Olivenöl
1 Prise Pfeffer
1 Prise Salz

Nährwerte p. P.

263 kcal
3 g Kohlenhydrate
24 g Fett
8 g Eiweiß

1 Waschen und zupfen Sie das Basilikum. Rösten Sie die Pinienkerne in einer Pfanne ohne Fett an.

2 Entnehmen Sie das Fruchtfleisch der Avocado und geben Sie es mit den restlichen Zutaten in einen Mixer. Pürieren Sie alles zu einer feinen Masse.

AVOCADO-SPINAT-PESTO

4 Port. 15 Min. Leicht

Zutaten

1 Avocado
250 g Babyspinat
3 EL Zitronensaft
2 Knoblauchzehe
80 g Parmesan
2 EL Olivenöl
Prise Salz
Prise Pfeffer

Nährwerte p. P.

268 kcal
5 g Kohlenhydrate
22 g Fett
10 g Eiweiß

1 Waschen Sie den Spinat und lassen Sie ihn abtropfen. Schälen Sie den Knoblauch.

2 Entnehmen Sie das Fruchtfleisch der Avocado und geben Sie es mit den restlichen Zutaten in einen Mixer. Pürieren Sie alle Zutaten zu einem Pesto. Schmecken Sie mit Salz und Zitronensaft ab.

AVOCADO-PESTO MIT KARAMELLISIERTEN TOMATEN

3 Port. | 35 Min. | Leicht

Zutaten

1 Avocado
2 TL Zitronensaft
1 Bund Basilikum
3 Knoblauchzehen
150 g Kirschtomaten
1 EL Olivenöl
1 TL Zucker
½ TL Salz
Prise Pfeffer

Nährwerte p. P.

213 kcal
5 g Kohlenhydrate
19 g Fett
3 g Eiweiß

1 Heizen Sie den Ofen auf 200 °C Ober-/Unterhitze bzw. 180 °C Umluft vor. Halbieren Sie die Tomaten und bestreuen Sie diese mit dem Zucker und dem Öl. Geben Sie die Hälften auf ein Backblech und garen Sie sie bei 150 °C Ober-/Unterhitze für 30 Minuten.

2 Waschen und zupfen Sie das Basilikum. Schälen Sie den Knoblauch und geben Sie alle Zutaten bis auf die Tomaten in einen Mixer. Pürieren Sie alles zu einer cremigen Masse.

3 Schmecken Sie mit Salz und Zitronensaft ab. Servieren Sie mit den Tomatenhälften als Topping.

AVOCADO-GRÜNKOHL-PESTO

4 Port. 20 Min. Leicht

Zutaten

20 g getrocknete Tomaten (in Öl eingelegt, abgegossen)
1 Zwiebel
2 Knoblauchzehen
2 EL Olivenöl
½ TL Salz
150 g Grünkohl
2 Avocado
Saft einer Zitrone
½ TL schwarzer Pfeffer

Nährwerte p. P.

315 kcal
6 g Kohlenhydrate
29 g Fett
4 g Eiweiß

1 Schälen und würfeln Sie Zwiebel und Knoblauch. Braten Sie beides in einer Pfanne mit 1 EL des Öls leicht glasig.

2 Waschen und hacken Sie den Grünkohl (die Stiele werden nicht verwendet) und geben Sie ihn zu den Zwiebelwürfeln in die Pfanne. Garen Sie alles zusammen für ca. 3 Minuten.

3 Entnehmen Sie die Tomaten dem Öl und lassen Sie sie gut abtropfen. Würfeln Sie die Tomaten anschließend.

4 Geben Sie den lauwarmen Pfanneninhalt mit dem Fruchtfleisch der Avocado und 1 EL des Öls in einen Mixer. Pürieren Sie alles zu einer cremigen Masse.

5 Schmecken Sie mit Salz, Pfeffer und dem Zitronensaft ab. Servieren Sie mit den Tomatenwürfeln als Topping.

AVOCADO-MANDEL-PESTO

3 Port. | 20 Min. | Leicht

Zutaten

70 g Parmesan
2 EL Mandelmus
20 g gehackte Mandeln
1 Knoblauchzehe
1 Bund Basilikum
1 EL ml Olivenöl
1 kleine Limette
1 Avocado
½ TL Salz

Nährwerte p. P.

385 kcal
4 g Kohlenhydrate
34 g Fett
13 g Eiweiß

1 Waschen und zupfen Sie das Basilikum.

2 Rösten Sie die gehackten Mandeln kurz in einer Pfanne ohne Fett an.

3 Schälen Sie den Knoblauch. Pressen Sie den Saft der Limette aus.

4 Geben Sie alle Zutaten bis auf die gehackten Mandeln in einen Mixer und pürieren Sie das Ganze zu einer geschmeidigen Masse.

5 Heben Sie die Mandeln unter und schmecken Sie mit Salz ab.

Kräuter-Pestos

KRÄUTER-MANDEL-PESTO

4 Port. | 20 Min. | Leicht

Zutaten

40 g geschälte Mandeln
1 Bund Basilikum
½ Bund Petersilie
5 Zweige Zitronenthymian
1 Rosmarinzweig
50 g Parmesan
1 Knoblauchzehe
100 ml Olivenöl
1 Bio-Zitrone
½ TL Salz
Prise Pfeffer

Nährwerte p. P.

378 kcal
4 g Kohlenhydrate
35 g Fett
9 g Eiweiß

1 Waschen und zupfen Sie die Kräuter, die Stiele werden nicht verwendet.

2 Rösten Sie die Mandeln in einer Pfanne ohne Fett an, bis sie leicht braun werden.

3 Waschen Sie die Zitrone mit warmem Wasser und reiben Sie die Schale mit einer feinen Reibe ab. Schälen und würfeln Sie den Knoblauch.

4 Geben Sie den Zitronenabrieb mit den restlichen Zutaten in einen Mixer und pürieren Sie die Zutaten so lange, bis eine homogene Masse entsteht und die gewünschte Feinheit erreicht ist. Schmecken Sie zum Schluss ab.

BÄRLAUCH-PESTO

6 Port. | 15 Min. | Leicht

Zutaten

75 g Bärlauch
75 g Petersilie
70 g Pinienkerne
130 g Parmesan
250 ml Olivenöl
1 TL Salz

Nährwerte p. P.

505 kcal
3 g Kohlenhydrate
49 g Fett
13 g Eiweiß

1 Waschen und zupfen Sie Petersilie und Basilikum, die Stiele werden nicht verwendet.

2 Rösten Sie die Pinienkerne in einer Pfanne ohne Fett an, bis sie goldbraun werden.

3 Geben Sie alle Zutaten in einen Mixer und pürieren Sie die Zutaten so lange, bis eine homogene Masse entsteht und die gewünschte Feinheit erreicht ist. Schmecken Sie ggf. noch ab.

PESTO MIT WILDKRÄUTERN

5 Port. | 15 Min. | Leicht

Zutaten

120 g Wildkräuter (z. B. Giersch, Gänseblümchen, Löwenzahn, Sauerampfer, Knoblauchsrauke etc.)
120 g Walnüsse
200 ml Olivenöl
2 Knoblauchzehen
1 ½ TL Salz
Prise Pfeffer

Nährwerte p. P.

492 kcal
5 g Kohlenhydrate
47 g Fett
10 g Eiweiß

1 Waschen und zupfen Sie die Kräuter, die Stiele werden nicht verwendet.

2 Rösten Sie die Walnüsse in einer Pfanne ohne Fett an.

3 Schälen Sie den Knoblauch und geben Sie ihn mit den restlichen Zutaten in einen Mixer. Pürieren Sie die Zutaten so lange, bis eine homogene Masse entsteht und die gewünschte Feinheit erreicht ist. Schmecken Sie ggf. noch ab.

KRESSE-PESTO

3 Port. 15 Min. Leicht

Zutaten

60 ml Olivenöl
1 EL Pinienkerne
2 Handvoll Brunnenkresse
2 Knoblauchzehen
20 g Parmesan
½ TL Salz
Prise Pfeffer

Nährwerte p. P.

222 kcal
3 g Kohlenhydrate
22 g Fett
4 g Eiweiß

1 Rösten Sie die Pinienkerne in einer Pfanne ohne Fett an, bis sie leicht braun werden.

2 Waschen Sie die Zitrone mit warmem Wasser und reiben Sie die Schale dünn mit einer feinen Reibe ab.

3 Schälen und würfeln Sie den Knoblauch. Waschen Sie die Brunnenkresse und lassen Sie sie abtropfen.

4 Geben Sie den Zitronenabrieb mit den restlichen Zutaten in einen Mixer und pürieren Sie die Zutaten so lange, bis eine homogene Masse entsteht und die gewünschte Feinheit erreicht ist. Schmecken Sie mit einem Spritzer Zitronensaft ab.

PETERSILIE-PESTO

4 Port. 10 Min. Leicht

Zutaten

1 Bund Petersilie
150 ml Olivenöl
2 Knoblauchzehen
50 g Haselnüsse
50 g Walnüsse
2 EL Cashewmus
½ TL Salz
Prise Pfeffer

Nährwerte p. P.

418 kcal
5 g Kohlenhydrate
40 g Fett
9 g Eiweiß

1 Waschen und zupfen Sie die Petersilie, die Stängel werden nicht verwendet.

2 Rösten Sie Haselnüsse und Walnüsse kurz in einer Pfanne ohne Fett an.

3 Geben Sie alle Zutaten in einen Mixer und pürieren Sie das Ganze, bis eine geschmeidige Masse entsteht. Schmecken Sie ggf. noch ab.

Zum Wegwerfen zu schade

Ein Pesto braucht nicht immer teure Kräuter, um gut zu schmecken,
Möhrengrün, Kohlrabiblätter und viele andere leckere Blätter
finden sich an allerlei gesundem Gemüse,
welche zum Wegwerfen definitiv zu schade sind.

PESTO MIT MÖHREN- UND RADIESCHENGRÜN

4 Port. 15 Min. Leicht

Zutaten

1 Bund Möhrengrün
1 Bund Radieschengrün
50 g Cashewkerne
150 g Sonnenblumenöl
50 ml Apfelsaft
3 TL Hefeflocken
½ Bio-Zitrone
1 TL Salz

Nährwerte p. P.

420 kcal
7 g Kohlenhydrate
40 g Fett
7 g Eiweiß

1 Rösten Sie die Cashewkerne ohne Öl kurz an.

2 Waschen Sie die Zitrone mit warmem Wasser und reiben Sie die Schale mit einer feinen Reibe ab. Pressen Sie anschließend die Zitrone aus.

3 Waschen Sie das Möhren- und Radieschengrün und pürieren Sie dies mit 1 EL Zitronenabrieb, Öl und Apfelsaft in einem Mixer.

4 Hacken Sie die Pinienkerne in die gewünschte Größe und geben Sie sie in das Püree. Schmecken Sie mit Salz und Zitronensaft ab.

PESTO MIT KOHLRABIBLÄTTERN

4 Port. | 15 Min. | Leicht

Zutaten

1 Handvoll Kohlrabiblätter
120 g Sonnenblumenkerne
2 Knoblauchzehen
180 ml Sonnenblumenkern-Öl
1 TL Salz
Prise Pfeffer

Nährwerte p. P.

520 kcal
5 g Kohlenhydrate
51 g Fett
9 g Eiweiß

1 Waschen Sie die Kohlrabiblätter und entfernen Sie die unteren Teile der Kohlrabistiele, es werden nur die Blätter und die oberen Enden der Stiele verwendet.

2 Rösten Sie die Sonnenblumenkerne kurz ohne Fett an.

3 Schälen Sie den Knoblauch und geben Sie sämtliche Zutaten in einen Mixer. Pürieren Sie das Ganze, bis die gewünschte Feinheit erreicht ist. Schmecken Sie mit Salz und Pfeffer ab.

PESTO AUS ROTE-BETE-BLÄTTERN

4 Port. 15 Min. Leicht

Zutaten

6 Handvoll Rote-Bete-Blätter
120 ml Rapsöl
1 Knoblauchzehe
1 Handvoll Mandeln
1 Handvoll Cashewkerne
½ Zitrone
1 TL Salz
Prise Pfeffer

Nährwerte p. P.

351 kcal
6 g Kohlenhydrate
33 g Fett
7 g Eiweiß

1 Waschen Sie die Rote-Bete-Blätter, entfernen Sie jeweils die Stiele.

2 Rösten Sie die Nüsse kurz ohne Fett an. Pressen Sie die Zitrone aus.

3 Schälen Sie den Knoblauch und geben Sie sämtliche Zutaten in einen Mixer. Pürieren Sie das Ganze, bis die gewünschte Feinheit erreicht ist. Schmecken Sie mit Zitronensaft und Salz ab.

PESTO AUS SELLERIEBLÄTTERN

6 Port. | 15 Min. | Leicht

Zutaten

120 g Sellerieblätter
2 Knoblauchzehen
200 ml Rapsöl
100 g Walnusskerne
1 Bio-Zitrone
100 g Parmesan
½ TL Salz
1 Prise Pfeffer

Nährwerte p. P.

443 kcal
4 g Kohlenhydrate
42 g Fett
12 g Eiweiß

1 Waschen und entstielen Sie die Sellerieblätter.

2 Rösten Sie die Walnusskerne kurz in einer Pfanne ohne Fett an.

3 Waschen Sie die Zitrone mit warmem Wasser und reiben Sie anschließend die Schale mit einer feinen Reibe ab.

4 Geben Sie alle Zutaten mit 2 TL des Zitronenabriebes in einen Mixer und pürieren Sie das Ganze, bis die gewünschte Konsistenz erreicht ist.

5 Schmecken Sie ab und geben Sie nach Bedarf noch Zitronenabrieb oder Salz hinzu.

PESTO AUS FENCHELGRÜN

5 Port. 15 Min. Leicht

Zutaten

300 g Fenchelgrün
3 EL Pistazien (ungesalzen)
50 g Sbrinz (oder Grana Padano)
200 ml Rapsöl
½ TL Salz

Nährwerte p. P.

433 kcal
5 g Kohlenhydrate
42 g Fett
8 g Eiweiß

1 Waschen und zupfen Sie die Fenchelblätter, die dicken Teile der Stiele werden nicht verwendet.

2 Geben Sie alle Zutaten in einen Mixer und pürieren Sie das Ganze, bis eine homogene Masse entsteht. Schmecken Sie mit Salz ab.

Frische Pesto-Ideen

PESTO GENOVESE MIT ZITRONE

4 Port. 15 Min. Leicht

Zutaten

1 Bio-Zitrone
60 g Parmesan
25 g Pinienkerne
1 Bund Basilikum
4 EL Olivenöl
¼ TL Salz

Nährwerte p. P.

371 kcal
4 g Kohlenhydrate
32 g Fett
16 g Eiweiß

1 Waschen Sie die Zitrone mit warmem Wasser, reiben Sie die Schale dünn mit einer feinen Reibe ab und pressen Sie den Saft anschließend aus.

2 Waschen und zupfen Sie das Basilikum, die Stiele werden nicht verwendet.

3 Rösten Sie die Pinienkerne in einer Pfanne ohne Fett an, bis sie goldbraun werden.

4 Geben Sie den Zitronenabrieb und 4 EL des Zitronensaftes mit den restlichen Zutaten in einen Mixer und pürieren Sie das Ganze so lange, bis eine homogene Masse entsteht und die gewünschte Feinheit erreicht ist. Schmecken Sie ab und geben Sie nach Belieben noch Zitronensaft nach.

MINZ-PESTO MIT ZITRONE

4 Port. 15 Min. Leicht

Zutaten

1 Bund Minze
70 g Cashewkerne
100 ml Olivenöl
2 Knoblauchzehen
1 Bio-Zitrone
60 g Parmesan
½ TL Salz
Prise Pfeffer

Nährwerte p. P.

386 kcal
5 g Kohlenhydrate
35 g Fett
13 g Eiweiß

1 Waschen Sie die Zitrone mit warmem Wasser, reiben Sie die Schale dünn mit einer feinen Reibe ab und pressen Sie den Saft anschließend aus.

2 Waschen und zupfen Sie die Minze, die Stiele werden nicht verwendet.

3 Geben Sie 1 gehäuften EL des Zitronenabriebs und 1 EL des Zitronensaftes mit den restlichen Zutaten in einen Mixer und pürieren Sie alles so lange, bis eine homogene Masse entsteht und die gewünschte Feinheit erreicht ist. Schmecken Sie mit Salz und Zitronensaft ab.

PESTO MIT ZITRONENMELISSE

4 Port. 10 Min. Leicht

Zutaten

2 Handvoll Zitronenmelisse
2 Handvoll Basilikum
4 Knoblauchzehen
50 g Cashewkerne
120 ml Olivenöl
1 Bio-Zitrone
50 g Parmesan
½ TL Salz

Nährwerte p. P.

396 kcal
6 g Kohlenhydrate
36 g Fett
11 g Eiweiß

1 Rösten Sie die Kerne ohne Fett kurz in einer Pfanne.

2 Waschen Sie die Zitrone mit warmem Wasser, reiben Sie die Schale dünn mit einer feinen Reibe ab und pressen Sie den Saft anschließend aus.

3 Geben Sie den Zitronenabrieb und 4 EL des Zitronensaftes in einen Mixer. Zupfen und waschen Sie die Blätter der Kräuter und geben Sie diese mit den restlichen Zutaten ebenfalls in den Mixer. Pürieren Sie die Zutaten so lange, bis eine homogene Masse entsteht und die gewünschte Feinheit erreicht ist. Schmecken Sie mit Salz ab.

KNOBLAUCH-INGWER-CHILI-PESTO

4 Port. 10 Min. Leicht

Zutaten

1 ½ Knoblauchknollen
3 cm Ingwer
200 ml Olivenöl
Prise Chilipulver
1 TL Salz

Nährwerte p. P.

483 kcal
15 g Kohlenhydrate
45 g Fett
3 g Eiweiß

1 Schälen und rösten Sie den Knoblauch.

2 Geben Sie alle Zutaten in einen Mixer und pürieren Sie diese, bis die gewünschte Konsistenz erreicht ist. Sollte die Masse zu trocken sein, kann etwas Öl nachgegeben werden. Schmecken Sie mit dem Chili ab.

Tipp: Dieses Pesto lässt sich wunderbar zum Würzen von Speisen verwenden.

GURKEN-PESTO

4 Port. 15 Min. Leicht

Zutaten

200 g Salatgurke
2 Tomate
200 g Cashewkerne
2 EL Dill
2 EL Koriander
1 Zwiebel
2 Lauchzwiebel
4 EL Olivenöl
40 g Parmesan
2 TL Zitronensaft

Nährwerte p. P.

461 kcal
12 g Kohlenhydrate
34 g Fett
23 g Eiweiß

1 Schälen und entkernen Sie die Gurke. Entkernen Sie die Tomaten. Schälen und würfeln Sie die Zwiebeln.

2 Geben Sie alle Zutaten in einen Mixer und pürieren Sie diese, bis das Pesto die gewünschte Feinheit erhält.

Nuss-Pestos

WALNUSS-BASILIKUM-PESTO

4 Port. | 10 Min. | Leicht

Zutaten

90 ml Olivenöl
40 g Parmesan
3 Knoblauchzehen
1 Bund Basilikum
50 g Walnüsse
1 Bio-Zitrone
½ TL Salz

Nährwerte p. P.

300 kcal
4 g Kohlenhydrate
28 g Fett
8 g Eiweiß

1 Waschen Sie die Zitrone mit warmem Wasser, reiben Sie die Schale dünn mit einer feinen Reibe ab und pressen Sie den Saft anschließend aus.

2 Waschen und zupfen Sie das Basilikum, die Stiele werden nicht verwendet. Schälen und würfeln Sie den Knoblauch.

3 Geben Sie die 2 EL des Zitronenabriebes und 2 EL des Zitronensaftes mit den restlichen Zutaten in einen Mixer und pürieren Sie das Ganze so lange, bis eine homogene Masse entsteht und die gewünschte Feinheit erreicht ist. Schmecken Sie ab und geben Sie nach Belieben noch Zitronensaft nach.

PESTO ROSSO MIT RAUCHMANDELN

4 Port. 10 Min. Leicht

Zutaten

150 g getrocknete Tomaten (alternativ in Öl eingelegt)
100 ml Olivenöl
50 g Rauchmandeln
1 Handvoll Basilikumblätter
1 EL Zitronenabrieb
½ TL Salz

Nährwerte p. P.

305 kcal
6 g Kohlenhydrate
28 g Fett
7 g Eiweiß

1 Verwenden Sie Basilikumblätter ohne Stiel, geben Sie diese mit den restlichen Zutaten in einen Mixer und pürieren Sie alles, bis die gewünschte Feinheit des Pestos erreicht ist.

2 Schmecken Sie ggf. noch ab.

PISTAZIEN-PESTO

6 Port. | 10 Min. | Leicht

Zutaten

40 g Petersilie
20 g Rucola
85 g Pistazien, gesalzen und geröstet
50 g Parmesan, frisch
1 Knoblauchzehe
1 Bio-Zitrone
250 ml Olivenöl
Prise Salz
Prise Pfeffer

Nährwerte p. P.

544 kcal
3 g Kohlenhydrate
46 g Fett
8 g Eiweiß

1 Waschen Sie Petersilie und Rucola, die Stiele der Petersilie werden nicht verwendet.

2 Reiben Sie die Schale der Zitrone und pressen Sie den Saft aus.

3 Geben Sie 2 TL der Schale und 2 EL des Saftes mit den restlichen Zutaten in einen Mixer und pürieren Sie alles zu einer cremigen Masse. Schmecken Sie mit Salz und Zitrone ab.

SESAM-PESTO

3 Port. 10 Min. Leicht

Zutaten

40 g Sesam
2 Bund Petersilie
110 g Sesamöl
1 EL Balsamicoessig (weiß)
2 Knoblauchzehen
1 Prise Chili
40 g Parmesan
1 Prise Salz

Nährwerte p. P.

457 kcal
6 g Kohlenhydrate
43 g Fett
9 g Eiweiß

1 Rösten Sie den Sesam ohne Fett kurz an.

2 Waschen und zupfen Sie die Petersilie.

3 Geben Sie alle Zutaten in einen Mixer und pürieren Sie das Ganze zu einer homogenen Masse. Schmecken Sie mit Salz und Chili ab.

MACADAMIA-BÄRLAUCH-PESTO

5 Port. 10 Min. Leicht

Zutaten

150 g Bärlauch
50 g Parmesan
100 g Macadamianusskerne (geröstet, gesalzen)
150 ml Olivenöl
½ TL Bio-Zitronenschale
½ TL Salz
Prise Pfeffer

Nährwerte p. P.

457 kcal
5 g Kohlenhydrate
45 g Fett
6 g Eiweiß

1 Waschen Sie den Bärlauch.

2 Geben Sie alle Zutaten in einen Mixer und pürieren Sie sie, bis die gewünschte Feinheit des Pestos erreicht ist. Schmecken Sie mit Salz ab.

PEKANNUSS-SPINAT-PESTO

4 Port. | 10 Min. | Leicht

Zutaten

100 g Pekannuss, geröstet und gesalzen
100 g Parmesan
2 EL Ricotta
200 g Spinat, frisch
2 TL Zucker
2 EL Olivenöl
Prise Muskat
½ TL Salz
Prise Pfeffer

Nährwerte p. P.

346 kcal
7 g Kohlenhydrate
31 g Fett
10 g Eiweiß

1 Waschen Sie den Spinat gründlich.

2 Geben Sie alle Zutaten in einen Mixer und pürieren Sie das Ganze zu einem cremigen Pesto. Schmecken Sie mit Salz und Muskat ab.

PARANUSS-PESTO

4 Port. 10 Min. Leicht

Zutaten

100 g Paranüsse
1 Knoblauchzehen
120 ml Olivenöl
1 EL Thymian
20 g Parmesan
½ TL Salz
Prise Pfeffer

Nährwerte p. P.

443 kcal
2 g Kohlenhydrate
45 g Fett
6 g Eiweiß

1 Schälen Sie den Knoblauch.

2 Geben Sie alle Zutaten in einen Mixer und pürieren Sie sie, bis die gewünschte Feinheit erreicht ist.

3 Sollte das Pesto zu fest sein, kann noch Öl nachgegeben werden. Schmecken Sie mit Salz ab.

MARONEN-BASILIKUM-PESTO

4 Port. 55 Min. Leicht

Zutaten

250 g frische Maronen
50 g Basilikumblätter
1 Knoblauchzehe
1 Zitrone
100 ml Olivenöl
75 g Grana Padano
½ Salz
Prise Pfeffer

Nährwerte p. P.

400 kcal
24 g Kohlenhydrate
29 g Fett
8 g Eiweiß

1 Heizen Sie den Ofen auf 200 °C Ober-/Unterhitze bzw. 180 °C Umluft vor.

2 Ritzen Sie die Schale der Maronen oberhalb auf. Geben Sie die angeschnittenen Maronen auf ein Blech und garen Sie sie 30 Minuten im Ofen.

3 Schälen Sie den Knoblauch und pressen Sie den Saft der Zitrone aus. Waschen und zupfen Sie das Basilikum.

4 Enthäuten Sie die abgekühlten Maronen und geben Sie diese mit 3 EL des Zitronensaftes sowie den restlichen Zutaten in einen Mixer.

5 Pürieren Sie alles zu einem cremigen Pesto, geben Sie nach Belieben noch Öl hinzu. Schmecken Sie mit Salz und Zitronensaft ab.

MARONEN-PETERSILIE-PESTO

3 Port. 10 Min. Leicht

Zutaten

100 g Maroni, vorgegart
40 g Parmesan
1 Bund Petersilie
2 Rosmarinzweige
8 EL Olivenöl
Prise Salz
Prise Pfeffer

Nährwerte p. P.

378 kcal
13 g Kohlenhydrate
31 g Fett
10 g Eiweiß

1 Waschen und zupfen Sie die Petersilie.

2 Geben Sie alle Zutaten in einen Mixer und pürieren Sie diese zu einer cremigen Soße.

3 Schmecken Sie mit Salz ab und geben Sie nach Belieben noch Olivenöl hinzu, sollte das Pesto zu dickflüssig sein.

PARANUSS-TOMATEN-PESTO

3 Port. 15 Min. Leicht

Zutaten

40 g Paranusskerne
50 g getrocknete Tomaten in Öl
1 EL Rosmarinnadeln
1 TL Thymianblättchen
Blätter von 2 Stielen Basilikum
1 Knoblauchzehe
25 g Pecorino
50 ml Olivenöl
½ TL Salz
Prise Pfeffer

Nährwerte p. P.

297 kcal
5 g Kohlenhydrate
27 g Fett
7 g Eiweiß

1 Waschen und zupfen Sie die Kräuter.

2 Rösten Sie die Paranüsse ohne Fett in einer Pfanne an. Schälen Sie den Knoblauch.

3 Geben Sie alle Zutaten in einen Mixer und pürieren Sie nach Belieben, bis die gewünschte Feinheit erreicht ist.

BASILIKUM-KOKOS-PESTO

5 Port. | 15 Min. | Leicht

Zutaten

1 Bund Basilikum
1 EL Kokosöl
1 Knoblauchzehe
200 ml Olivenöl
200 g Parmesan
3 EL Kokosraspeln
½ Bio-Zitrone
Prise Salz
Prise Pfeffer

Nährwerte p. P.

536 kcal
2 g Kohlenhydrate
52 g Fett
15 g Eiweiß

1 Waschen und zupfen Sie das Basilikum. Schälen Sie den Knoblauch.

2 Reiben Sie die Schale der Zitrone mit einer feinen Reibe ab und pressen Sie den Saft aus.

3 Geben Sie 1 TL des Zitronenabriebs und 1 TL des Saftes mit den restlichen Zutaten in einen Mixer. Pürieren Sie alles zu einer streichfähigen Masse. Schmecken Sie mit Salz und Zitrone ab.

KORIANDER-KOKOS-PESTO

3 Port. 15 Min. Leicht

Zutaten

150 g Koriander
60 g Mandeln
20 ml Sesamöl
40 ml Kokoscreme
Prise Salz
Prise Chili

Nährwerte p. P.

520 kcal
6 g Kohlenhydrate
41 g Fett
30 g Eiweiß

1 Waschen Sie den Koriander.

2 Geben Sie alle Zutaten in einen Mixer und pürieren Sie sie zu einer homogenen Masse. Schmecken Sie mit Salz und Chili ab.

KÜRBISKERN-PESTO

4 Port. 15 Min. Leicht

Zutaten

25 g Petersilie
100 g Kürbiskerne
50 ml Olivenöl
100 ml Kürbiskernöl
50 g Parmesan
1 Zitrone
1 TL Salz
1 Prise Pfeffer

Nährwerte p. P.

514 kcal
2 g Kohlenhydrate
50 g Fett
14 g Eiweiß

1 Rösten Sie die Kürbiskerne kurz in einer Pfanne mit Öl an. Waschen und zupfen Sie die Petersilie.

2 Geben Sie alles in einen Mixer und pürieren Sie das Ganze, bis die gewünschte Feinheit erreicht ist.

Für mehr Farbe

ROTE-BETE-PESTO MIT ERDNÜSSEN

2 Port. 25 Min. Leicht

Zutaten

1 Rote Bete
60 g geröstete, gesalzene Erdnüsse
40 ml Olivenöl
1 Rosmarinzweig
1 Bio-Zitrone
1 EL Weißweinessig
1 TL Agavendicksaft
1 Knoblauchzehe
Prise Salz
Prise Pfeffer

Nährwerte p. P.

379 kcal
9 g Kohlenhydrate
33 g Fett
9 g Eiweiß

1 Schälen und würfeln Sie die Rote Bete. Kochen Sie sie für ca. 10 Minuten bissfest.

2 Zupfen Sie in der Zwischenzeit den Rosmarin, der Stängel wird nicht verwendet.

3 Waschen Sie die Zitrone mit warmem Wasser, reiben Sie die Schale dünn mit einer feinen Reibe ab und pressen Sie den Saft anschließend aus.

4 Geben Sie 1 EL des Zitronenabriebes und 1 EL Zitronensaft in einen Mixer und fügen Sie die Rote Bete und 5 EL des Kochwassers hinzu. Darauf folgen die restlichen Zutaten.

5 Pürieren Sie alles zu einer homogenen Masse, geben Sie ggf. noch etwas von dem Kochwasser hinzu, bis eine sämige Soße entsteht. Schmecken Sie mit Salz und Zitronensaft ab.

Tipp: Tragen Sie bei dem Verarbeiten der Roten Bete Handschuhe. Rote Bete färbt sehr stark, auch auf die Kleidung sollte achtgegeben werden.

ROTE-BETE-PESTO MIT WALNUSS

4 Port. 30 Min. Leicht

Zutaten

150 g Rote Bete
20 g Walnüsse
40 g Parmesan
60 ml Olivenöl
1 Knoblauchzehe
½ Bund Basilikum
½ TL Zucker
½ TL Salz
Prise Pfeffer

Nährwerte p. P.

280 kcal
4 g Kohlenhydrate
25 g Fett
7 g Eiweiß

1 Bringen Sie 150 ml Wasser mit dem Zucker zum Kochen, schälen und würfeln Sie die Rote Bete und garen Sie diese für ca. 10 Minuten bissfest. Stellen Sie den Topf anschließend zum Abkühlen beiseite.

2 Waschen und zupfen Sie das Basilikum, die Stiele werden nicht verwendet. Schälen und würfeln Sie den Knoblauch.

3 Geben Sie den abgekühlten Topfinhalt mit den restlichen Zutaten in einen Mixer und pürieren Sie alles zu einer geschmeidigen Masse. Schmecken Sie mit Salz ab.

ROTE-BETE-PESTO MIT KORIANDER

4 Port. 35 Min. Leicht

Zutaten

400 g Rote Bete
15 g Parmesan
½ Bund Koriander
2 Knoblauchzehen
5 g Gemüsebrühe
1 EL Olivenöl
1 Bio-Zitrone
Prise Salz
Prise Pfeffer

Nährwerte p. P.

124 kcal
14 g Kohlenhydrate
5 g Fett
5 g Eiweiß

1 Schälen und würfeln Sie die Rote Bete und kochen Sie diese in Salzwasser für ca. 10 Minuten bissfest.

2 Schälen und würfeln Sie den Knoblauch. Waschen und zupfen Sie den Koriander, die Stiele werden nicht verwendet.

3 Geben Sie die abgekühlten Rote-Bete-Würfel mit den restlichen Zutaten in einen Mixer und pürieren Sie alles zu einer geschmeidigen Masse. Schmecken Sie mit Salz ab.

ORANGES PESTO MIT KÜRBIS

4 Port. 60 Min. Leicht

Zutaten

500 g Hokkaido-Kürbis
60 ml Olivenöl
2 Knoblauchzehen
40 g Haselnüsse
4 getrocknete Datteln
40 g Parmesan
2 EL Orangensaft
½ TL Muskatnuss
1 Bund Petersilie
1 TL Salz
Prise Cayennepfeffer

Nährwerte p. P.

301 kcal
16 g Kohlenhydrate
21 g Fett
10 g Eiweiß

1 Weichen Sie die Datteln in etwas Wasser ein.

2 Heizen Sie den Ofen auf 200 °C Ober-/Unterhitze bzw. 180 °C Umluft vor.

3 Entkernen Sie den Hokkaido-Kürbis und schneiden Sie ihn in Streifen. Bestreuen Sie den Kürbis leicht mit Salz und etwas Öl und garen Sie ihn für 40 Minuten auf einem Backblech.

4 Rösten Sie die Haselnüsse in einer Pfanne ohne Fett kurz an.

5 Sobald der Kürbis abgekühlt ist, geben Sie ihn mit den restlichen Zutaten in einen Mixer und pürieren das Ganze, bis die gewünschte Feinheit erreicht ist. Schmecken Sie mit Salz ab.

GELBES PAPRIKA-PESTO

4 Port. 60 Min. Leicht

Zutaten

2 gelbe Paprika
60 g Parmesan
40 g Pinienkerne
100 ml Olivenöl
1 Knoblauchzehen
1 TL Salz

Nährwerte p. P.

359 kcal
7 g Kohlenhydrate
32 g Fett
10 g Eiweiß

1 Heizen Sie den Ofen auf 200 °C Ober-/ Unterhitze bzw. 180 °C Umluft vor.

2 Halbieren, entkernen und waschen Sie die Paprikaschote. Geben Sie die Hälften auf ein Backblech und backen Sie die Schoten für 40 Minuten. Die Haut sollte runzelig werden und Blasen werfen.

3 Ziehen Sie, sobald die Schoten abgekühlt sind, die Haut ab und geben Sie das Fruchtfleisch in einen Mixer.

4 Geben Sie die restlichen Zutaten mit in den Mixer und pürieren Sie das Ganze, bis die gewünschte Feinheit erreicht ist.

LILA ROTKOHL-PESTO

6 Port. 15 Min. Leicht

Zutaten

250 g Rotkohl
1 Knoblauchzehe
30 g Pinienkerne
80 g Parmesan
125 g Olivenöl
1 TL Zucker
Prise Pfeffer
1 TL Salz

Nährwerte p. P.

265 kcal
4 g Kohlenhydrate
24 g Fett
7 g Eiweiß

1 Rösten Sie die Pinienkerne kurz in einer Pfanne ohne Fett an.

2 Waschen und schneiden Sie den Rotkohl grob.

3 Geben Sie alle Zutaten in einen Mixer und pürieren Sie diese, bis eine homogene Masse entsteht.

GRÜNES ERBSEN-PESTO

4 Port. 30 Min. Leicht

Zutaten

450 g Erbsen (frisch)
60 g Walnusskerne
1 Handvoll Basilikum
1 Handvoll Minze
2 Knoblauchzehen
40 g Pecorino (alternativ Parmesan)
4 EL Olivenöl
1 Zitrone
2 TL Salz
Prise Pfeffer

Nährwerte p. P.

319 kcal
16 g Kohlenhydrate
19 g Fett
17 g Eiweiß

1 Bringen Sie 2 Liter Wasser mit dem Salz zum Kochen.

2 Rösten Sie die Walnusskerne kurz in einer Pfanne ohne Fett an.

3 Kochen Sie die Erbsen für ca. 4 Minuten bissfest. Entnehmen Sie anschließend die Erbsen und lassen Sie sie abkühlen.

4 Waschen und zupfen Sie die Kräuter und geben Sie sie mit den restlichen Zutaten in einen Mixer. Pürieren Sie alles zu einer cremigen Soße. Sollte die Masse zu fest sein, geben Sie noch etwas von dem Kochwasser zum Strecken hinzu.

SCHWARZES OLIVEN-PESTO

4 Port. 15 Min. Leicht

Zutaten

100 g schwarze Oliven
50 g Parmesan
60 ml Olivenöl
30 g Pinienkerne
1 Knoblauchzehe
½ Bio-Zitrone
Prise Salz
Prise Pfeffer

Nährwerte p. P.

313 kcal
3 g Kohlenhydrate
29 g Fett
8 g Eiweiß

1 Rösten Sie die Pinienkerne kurz in einer Pfanne ohne Fett an.

2 Pressen Sie den Saft einer halben Zitrone aus und geben Sie diesen mit den restlichen Zutaten in einen Mixer. Pürieren Sie die Zutaten zu einem Pesto.

Tipp: Möchten Sie das schwarze Oliven-Pesto noch farbintensiver, geben Sie Sepiatinte hinzu, um ein kräftigeres Schwarz zu erhalten.

BRAUNES CHAMPIGNON-PESTO

4 Port. 25 Min. Leicht

Zutaten

3 Knoblauchzehen
50 g Parmesan
1 kleine Zwiebel
2 Frühlingszwiebeln
50 ml Olivenöl
250 g Champignons
50 g Walnüsse
1 Chilischote
1 Tasse Gemüsebrühe
3 EL getrocknete Tomaten
½ Bund Petersilie

Nährwerte p. P.

270 kcal
8 g Kohlenhydrate
21 g Fett
12 g Eiweiß

1 Schälen und würfeln Sie Frühlingszwiebeln, Zwiebel und Champignons.

2 Geben Sie die Zwiebeln in eine Pfanne und braten Sie diese leicht glasig. Fügen Sie Frühlingszwiebeln und Champignons hinzu und braten Sie alles für ca. 4 Minuten weiter.

3 Geben Sie sämtliche Zutaten in einen Mixer und pürieren Sie diese, bis die gewünschte Feinheit erreicht ist.

PESTO TRIKOLOR

1 Glas (8 Port.) | 20 Min. | Leicht

Zutaten

Zutaten für die grüne Schicht:
1 Bund Basilikum
1 Bund Rucola
50 g Pinienkerne
40 ml Öl

Zutaten für die weiße Schicht:
150 g Grana Padano
150 g Parmesan
8 Knoblauchzehen
50 ml Öl

Zutaten für die rote Schicht:
300 g getrocknete Tomaten, in Öl eingelegt
Prise Chili-Flocken
Prise Salz

Nährwerte p. P.

355 kcal
10 g Kohlenhydrate
25 g Fett
19 g Eiweiß

1 Rösten Sie die Pinienkerne kurz in einer Pfanne ohne Fett an.

2 Waschen Sie die Kräuter und zupfen Sie das Basilikum. Geben Sie alle Zutaten für die grüne Schicht in einen Mixer und pürieren Sie das Ganze zu einer homogenen Masse. Füllen Sie die grüne Schicht in ein Einmachglas.

3 Schälen Sie für die weiße Schicht den Knoblauch und geben Sie alle Zutaten für diese Schicht in einen Mixer. Pürieren Sie alles klein.

4 Füllen Sie die weiße Schicht auf die grüne Schicht in das Einmachglas.

5 Geben Sie für die rote Schicht alle Zutaten in einen Mixer und pürieren Sie diese.

6 Füllen Sie die rote Schicht zuletzt in das Einmachglas und versehen Sie alles am Ende mit einer dünnen Ölschicht.

Tipp: Das Glas mit den italienischen Farben lässt sich wunderbar verschenken, es ist gekühlt etwa 3 Wochen haltbar.

Pesto mal anders

SPECK-BERGKÄSE-PESTO

4 Port. | 20 Min. | Leicht

Zutaten

60 g Tiroler Bergkäse
4 Scheiben Speck
50 g Pinienkerne
130 ml Olivenöl
1 TL Zitronenabrieb
1 Bund Basilikum
½ Bund Petersilie
Prise Salz

Nährwerte p. P.

620 kcal
4 g Kohlenhydrate
57 g Fett
22 g Eiweiß

1 Schneiden Sie den Speck in Würfel und rösten Sie ihn mit den Pinienkernen in einer Pfanne ohne Fett an.

2 Reiben Sie den Käse mit einer feinen Reibe.

3 Geben Sie Öl, Basilikum und Petersilie in einen Mixer. Pürieren Sie alles zu einer feinen Masse.

4 Geben Sie die restlichen Zutaten hinzu und pürieren Sie grob, sodass noch ein paar Stückchen erhalten bleiben. Schmecken Sie mit Salz ab.

SCHINKEN SAHNE PESTO

4 Port. 20 Min. Leicht

Zutaten

Zutaten für das Pesto:
50 g Basilikum
2 EL Pinienkerne
2 EL Öl

Zutaten für die Soße:
200 g Kochschinken
1 EL Butter
100 ml Milch
200 ml Sahne
1 Eigelb
3 EL Parmesan, frisch gerieben
Prise Pfeffer
Prise Muskat

Nährwerte p. P.

353 kcal
5 g Kohlenhydrate
28 g Fett
21 g Eiweiß

1 Waschen und zupfen Sie das Basilikum und geben Sie es mit den anderen Zutaten für das Pesto in einen Mixer. Pürieren Sie alles zu einem Pesto.

2 Würfeln Sie den Schinken und braten Sie ihn mit der Butter scharf an.

3 Vermengen Sie das Pesto mit der Sahne und dem Ei.

4 Löschen Sie den gebräunten Schinken mit der Milch ab.

5 Geben Sie das Pesto-Sahne-Gemisch hinzu, würzen Sie und lassen Sie die Soße köcheln, bis sie andickt.

HÄHNCHEN IN PESTO-PANADE

3 Port. 25 Min. Leicht

Zutaten

100 g Reis
3 Hähnchenschnitzel
etwas Pflanzenöl zum Anbraten
3 EL Paniermehl
4 Stiele frische Petersilie
3 TL Basilikum-Pesto
Prise Pfeffer
1 TL Salz

Zutaten für die Soße:
350 ml Weißwein
200 g Schmand
Spritzer Zitronensaft
Prise Pfeffer
½ TL Salz

Nährwerte p. P.

562 kcal
36 g Kohlenhydrate
24 g Fett
30 g Eiweiß

1 Kochen Sie den Reis nach Packungsbeilage.

2 Heizen Sie den Ofen auf 200 °C Ober-/Unterhitze bzw. 180 °C Umluft vor.

3 Würzen Sie die Hähnchenschnitzel mit einer Prise Salz und Pfeffer. Braten Sie anschließend das Hähnchen von allen Seiten kurz und scharf an.

4 Waschen und zupfen Sie die Petersilie. Hacken Sie die Blätter anschließend und mischen Sie diese unter das Paniermehl.

5 Bestreichen Sie das Hähnchen von allen Seiten mit dem Basilikum-Pesto. Wenden Sie die Hähnchenteile anschließend in dem Paniermehl und legen Sie sie auf ein Backblech. Backen Sie das Hähnchen für 15–20 Minuten im Ofen.

6 Gießen Sie den Weißwein in die Pfanne, in der das Hähnchen gebraten wurde. Lassen Sie den Weißwein köcheln und leicht reduzieren. Geben Sie nun die restlichen Zutaten für die Soße hinzu und schmecken Sie ab.

7 Entnehmen Sie den Reis und richten Sie an.

PESTO-PIZZA

4 Port. 30 Min. Leicht

Zutaten

Zutaten für das Pesto:
30 g Pinienkerne
½ Bund Basilikum
1 Knoblauchzehe
30 g Parmesan
75 ml Rapsöl
½ TL Salz

Zutaten für den Pizzabelag:
200 g Kirschtomaten
125 g Mozzarella
100 g Rucola
200 g Pizzateig

Nährwerte p. P.

533 kcal
30 g Kohlenhydrate
39 g Fett
16 g Eiweiß

1 Heizen Sie den Backofen auf 200 °C Ober-/Unterhitze bzw. 180 °C Umluft vor.

2 Waschen und zupfen Sie das Basilikum. Schälen Sie den Knoblauch.

3 Geben Sie alle Zutaten für das Pesto in einen Mixer und pürieren Sie das Ganze zu einem feinen Pesto.

4 Waschen und halbieren Sie die Tomaten. Schneiden Sie den Mozzarella in dünne Scheiben. Rollen Sie 2 Pizzateige aus und legen Sie diese auf ein Blech.

5 Bestreichen Sie den Pizzateig mit dem Pesto und anschließend mit den Zutaten für den Pizzabelag.

6 Backen Sie die Pizza für 20 Minuten.

PESTO-FRÜHSTÜCKSEIER

4 Port. 25 Min. Leicht

Zutaten

2 Bund Basilikum
1 Knoblauchzehe
1 EL Pinienkerne, geröstet
3 EL Wasser
40 Parmesan
4 EL Olivenöl
¼ TL Salz

Zutaten für die gerösteten Brotscheiben:
4 Scheiben Brot
2 EL Olivenöl
1 Knoblauchzehe

Zutaten für die Eier:
4 Eier
¼ TL Chiliflocken
Prise Salz

Nährwerte p. P.

351 kcal
21 g Kohlenhydrate
23 g Fett
13 g Eiweiß

1 Waschen und zupfen Sie das Basilikum. Schälen Sie den Knoblauch. Geben Sie alle Zutaten für das Pesto in einen Mixer und pürieren Sie diese, bis die gewünschte Feinheit des Pestos entsteht.

2 Bestreichen Sie die Brotscheiben mit dem Öl und rösten Sie sie in einer Pfanne von jeder Seite knusprig. Reiben Sie anschließend den geschälten Knoblauch darüber. Entnehmen Sie die Brotscheiben der Pfanne und geben Sie stattdessen die Eier und das Pesto in diese.

3 Vermengen Sie das Eiweiß und das Pesto leicht miteinander.

4 Lassen Sie alles bei geringer Hitze garen, bis das Eiweiß stockt, das Eigelb aber noch leicht flüssig ist.

5 Entnehmen Sie die Eier der Pfanne und richten Sie mit dem Brot an.

PESTO-BROT

10 Port. 45 Min. Leicht

Zutaten

Zutaten für den Hefeteig:
1 Würfel Hefe
½ TL Zucker
300 g Wasser
600 g Mehl
2 TL Salz
50 g Olivenöl

Zutaten für das grüne Pesto:
40 g Pinienkerne
1 Knoblauchzehe
¼ TL Salz
40 g Olivenöl
40 g Parmesan
40 g Basilikumblätter

Zutaten für das rote Pesto:
50 g Pinienkerne
1 Knoblauchzehe
¼ TL Salz
40 g Olivenöl
40 g Parmesan
80 g getrocknete Tomaten in Öl

Nährwerte p. P.

410 kcal
46 g Kohlenhydrate
19 g Fett
13 g Eiweiß

1 Häufen Sie für den Brotteig das Mehl mit dem Salz auf einer sauberen Arbeitsfläche zu einem Berg und drücken Sie eine Mulde hinein.

2 Lösen Sie die Hefe und den Zucker in dem warmen Wasser auf. Geben Sie das Öl in das Wasser. Gießen Sie nun die flüssigen Komponenten in die Mehl-Mulde.

3 Verkneten Sie alles für 10 Minuten zu einem geschmeidigen Teig, er sollte nicht mehr kleben. Geben Sie ansonsten noch etwas Mehl hinzu. Lassen Sie den Teig für 40 Minuten zugedeckt ziehen.

4 Heizen Sie den Ofen auf 200 °C Ober-/Unterhitze bzw. 180 °C Umluft vor.

5 Pürieren Sie für das Pesto die jeweiligen Komponenten getrennt miteinander, sodass Sie ein rotes und ein grünes Pesto erhalten.

6 Sobald der Teig aufgegangen ist, kann er in 3 gleich große Teile geteilt werden. Rollen Sie jedes Teigstück in eine Kreisform aus.

7 Legen Sie die erste Teigschicht auf ein Blech und bestreichen Sie es mit dem roten Pesto. Geben Sie darüber die 2. Teigschicht und bestreichen Sie das Ganze mit dem grünen Pesto. Abgeschlossen wird mit der letzten Teigschicht.

8 Stellen Sie nun ein breites Glas in die Mitte des Teigkreises und schneiden Sie von außen den Teig in 16 Teile. Der Bereich, in dem das Glas steht, wird dabei frei gelassen.

9 Drehen Sie jedes Teigstück zweimal um sich selbst und legen Sie es dann ab. Backen Sie das Brot für 35 Minuten.

VEGANE PESTO-SÜẞKARTOFFELN LASAGNE

6 Port. | 50 Min. | Leicht

Zutaten

400 ml Béchamelsoße
50 g Butter

Zutaten für das Pesto:
100 g Butter
100 g Basilikumblätter
100 g Pinienkerne
50 g geriebener Parmesankäse
2 Knoblauchzehen
1 TL Salz

Zutaten für die Lasagne:
1 kg Süßkartoffeln
16 – 18 Lasagneblätter
80 g Parmesan, gerieben
100 g Ricotta

Nährwerte p. P.

277 kcal
7 g Kohlenhydrate
21 g Fett
15 g Eiweiß

1 Heizen Sie den Ofen auf 200 °C Ober-/ Unterhitze bzw. 180 °C Umluft vor.

2 Waschen und zupfen Sie das Basilikum. Schälen Sie den Knoblauch und geben Sie ihn mit den restlichen Zutaten für das Pesto in einen Mixer. Pürieren Sie alles zu einer homogenen Masse.

3 Schälen Sie die Süßkartoffeln und schneiden Sie diese in dünne Scheiben.

4 Fetten Sie eine 2 Liter Backform mit der Butter ein. Geben Sie immer erst eine Schicht Lasagneblätter, dann Béchamelsoße, Pesto, Süßkartoffel und darauf Parmesan in die Form. Wiederholen Sie so lange, bis Béchamelsoße und Pesto aufgebraucht sind. Als letzte Schicht kommt der Ricotta sowie der restliche Parmesan.

5 Backen Sie die Lasagne für 1 Stunde und 30 Minuten.

PESTO-MOZZARELLA-SANDWICH

4 Port. | 10 Min. | Leicht

Zutaten

Zutaten für das Pesto:
1 Bund Basilikum
2 Knoblauchzehen
50 g Parmesan
2 EL gemahlene Mandeln
7 EL Olivenöl
Prise Salz
Prise Pfeffer

Zutaten für die Toasts:
250 g Mozzarella
8 Scheiben Sandwichtoast
25 g getrocknete Tomaten
1 EL Butter

Nährwerte p. P.

574 kcal
5 g Kohlenhydrate
41 g Fett
11 g Eiweiß

1 Zupfen und waschen Sie das Basilikum, schälen Sie den Knoblauch und geben Sie ihn mit allen Zutaten für das Pesto in einen Mixer. Pürieren Sie, bis die gewünschte Konsistenz erreicht ist.

2 Würfeln Sie die Tomaten.

3 Bestreichen Sie die Toastscheiben mit dem Pesto und belegen Sie diese anschließend mit dem Mozzarella und den Tomatenwürfeln.

4 Geben Sie die Butter in eine Pfanne und rösten Sie die zusammengeklappten Sandwiches von beiden Seiten in der Pfanne an.

KALBSSCHNITZEL MIT PESTO-PANADE

4 Port. 10 Min. Leicht

Zutaten

Zutaten für das Pesto:
1 Handvoll Basilikum
1 Knoblauchzehen
25 g Parmesan
2 EL geröstete Pinienkerne
5 EL Olivenöl
Prise Salz
Prise Pfeffer

Zutaten für die Panade:
4 Kalbsschnitzel
1 EL Senf
1 Ei
4 EL Pesto
2 EL Pinienkerne
2 EL Parmesan
4 EL Mehl
4 EL Rapsöl
1 EL Butter
Prise Salz
Prise Pfeffer

Nährwerte p. P.

407 kcal
12 g Kohlenhydrate
23 g Fett
34 g Eiweiß

1 Waschen und zupfen Sie das Basilikum für das Pesto und schälen Sie den Knoblauch. Geben Sie alle Zutaten für das Pesto in einen Mixer und pürieren Sie diese, bis eine cremige Masse entsteht.

2 Bestreuen Sie die Schnitzel mit einer Prise Salz und bestreichen Sie sie anschließend mit dem Senf.

3 Vermengen Sie 4 EL des selbst gemachten Pestos mit dem Ei in einem Suppenteller. Hacken Sie die Pinienkerne und geben Sie diese mit dem Paniermehl und dem Parmesan in einen weiteren Suppenteller.

4 Bestreuen Sie die Schnitzel mit dem Mehl und klopfen Sie das überschüssige Mehl ab. Nehmen Sie ein bemehltes Schnitzel und tunken Sie es in das Pestogemisch und anschließend in das Paniermehl-Parmesan-Gemisch. Verfahren Sie mit den anderen Schnitzeln ebenso.

5 Geben Sie das Öl in eine Pfanne und braten Sie die Schnitzel von allen Seiten goldgelb. Geben Sie zum Schluss die Butter auf die Schnitzel.

RISOTTO-BASILIKUM-PESTO

4 Port. | 30 Min. | Leicht

Zutaten

2 EL Olivenöl
900 ml Gemüsebrühe
4 EL Basilikum-Pesto
1 Zwiebel
400 g Risottoreis
300 g junger Blattspinat
100 g Parmesan, gerieben

Nährwerte p. P.

571 kcal
82 g Kohlenhydrate
15 g Fett
23 g Eiweiß

1 Bringen Sie die Gemüsebrühe zum Kochen.

2 Schälen und würfeln Sie die Zwiebel. Geben Sie das Olivenöl in eine hohe Pfanne und dünsten Sie darin die Zwiebelwürfel glasig.

3 Geben Sie den Risottoreis mit in die Pfanne und braten Sie ihn kurz mit. Löschen Sie alles mit der Hälfte der kochenden Gemüsebrühe ab und lassen Sie das Ganze leicht weiter köcheln.

4 Sobald der Reis die meiste Flüssigkeit aufgenommen hat, geben Sie den Rest der Gemüsebrühe hinzu und lassen ihn weiter köcheln, bis das Risotto eine cremige Konsistenz annimmt.

5 Waschen Sie den Spinat und heben Sie ihn zusammen mit den restlichen Zutaten unter das Risotto. Schmecken Sie mit Salz ab.

ROSENKOHL MIT MARONEN-PESTO

5 Port. 45 Min. Leicht

Zutaten

Zutaten für den Rosenkohl:
500 g Rosenkohl
1 Schalotte
2 Knoblauchzehen
2 EL Olivenöl
½ TL Muskat
1 Lorbeerblatt
¾ TL Salz
Prise Pfeffer

Zutaten für das Pesto:
250 g Maronen
100 ml Olivenöl
1 TL Shiro Miso (optional)
2 Knoblauchzehen
30 g Petersilie
½ TL Salz
Prise Pfeffer

Nährwerte p. P.

345 kcal
23 g Kohlenhydrate
23 g Fett
6 g Eiweiß

1 Heizen Sie den Ofen auf 200 °C Ober-/Unterhitze bzw. 180 °C Umluft vor.

2 Schneiden Sie die Haut der Maronen an und geben Sie sie auf ein Backblech. Garen Sie die Maronen für 30 Minuten im Ofen.

3 Waschen und vierteln Sie den Rosenkohl. Schälen und würfeln Sie Knoblauch und Schalotte.

4 Vermengen Sie die Schalotten- und Knoblauchwürfel mit dem Öl und den Gewürzen und anschließend mit dem Rosenkohl. Geben Sie alles in einer feuerfesten Form für 20–30 Minuten in den Ofen.

5 Sobald die Maronen etwas abgekühlt sind, entfernen Sie die Haut und legen eine Handvoll Maronen zum Garnieren beiseite.

6 Schälen Sie den Knoblauch und waschen und zupfen Sie die Petersilie.

7 Geben Sie alle Zutaten für das Pesto in einen Mixer und pürieren Sie das Ganze zu einem feinen Püree.

8 Vermengen Sie den fertig gegarten Rosenkohl mit dem Maronen-Pesto.

9 Rösten Sie die Maronen für die Garnitur in einer Pfanne an und geben Sie sie als Topping auf den Rosenkohl.

FRANZÖSISCHER APERITIF MIT PESTO

8 Port. | 15 Min. | Leicht

Zutaten

200 ml Schlagsahne
100 g Cocktailtomaten
1 kleine Schalotte
1 EL Olivenöl
150 ml Kräuter-Pesto nach Wahl
1 PK Bresso Frischkäse-Häppchen
Prise Salz
Prise Pfeffer

Nährwerte p. P.

178 kcal
2 g Kohlenhydrate
17 g Fett
3 g Eiweiß

1 Bringen Sie Wasser zum Kochen.

2 Schlagen Sie die Sahne steif und stellen Sie sie kalt.

3 Blanchieren Sie die Tomaten in kochendem Wasser, bis die Haut leicht aufreißt.

4 Schälen und würfeln Sie die Schalotte und braten Sie diese in einer Pfanne mit dem Öl glasig.

5 Ziehen Sie den Tomaten die Haut ab und würfeln Sie sie.

6 Geben Sie die Tomatenwürfel zu den Schalottenwürfeln in die Pfanne und streuen Sie eine Prise Salz und Pfeffer darüber. Schwenken Sie alles gut durch.

7 Füllen Sie zum Anrichten erst die Tomaten in kleine Gläser und geben Sie darauf die Schlagsahne. Geben Sie darüber das Pesto und garnieren Sie den Aperitif mit einem Bresso-Häppchen.

PESTO-CASHEW-KÄSE MIT RAUCHAROMA

10 Port. 20 Min. Leicht

Zutaten

30 g Agar-Agar-Flocken oder -Pulver
240 ml Wasser
260 g Cashewkerne
3 EL Zitronensaft
2 EL Olivenöl
2 TL Flüssigrauch
20 g Hefeflocken
½ TL Salz
½ TL Zwiebelpulver
½ TL Knoblauchpulver
1 Bund Basilikum, frisch
2 Knoblauchzehen, gehackt
1 Prise Pfeffer, schwarz

Nährwerte p. P.

181 kcal
5 g Kohlenhydrate
13 g Fett
11 g Eiweiß

1 Geben Sie Basilikum, Knoblauch und Pfeffer in einen Mörser oder Zerhacker und zerkleinern Sie alles.

2 Bringen Sie das Wasser mit dem Agar-Agar zum Kochen und lassen Sie alles für ca. 5 Minuten köcheln.

3 Geben Sie Cashewkerne, Öl, Zitronensaft, Hefe, Flüssigrauch und alle restlichen Gewürze in einen Mixer und pürieren Sie alles.

4 Geben Sie die Cashewmasse in das noch warme Agar-Agar.

5 Verrühren Sie alles, wenn es klumpt, ist das nicht schlimm. Geben Sie zum Schluss das Basilikum-Knoblauch-Gemisch hinzu und heben Sie dieses nur grob unter.

6 Füllen Sie die fertige Masse in eine gefettete Form und lassen Sie sie abkühlen.

Exotische Pesto-Ideen

ASIATISCHES PESTO MIT ERDNUSS

4 Port. 10 Min. Leicht

Zutaten

200 g Erdnüsse (ungesalzen)
1 Bund Thai-Basilikum
80 ml Rapsöl
1 EL rote Currypaste
3 EL Sojasoße

Nährwerte p. P.

486 kcal
8 g Kohlenhydrate
41 g Fett
20 g Eiweiß

1 Rösten Sie die Erdnüsse kurz in einer Pfanne ohne Fett an.

2 Waschen und zupfen Sie das Basilikum.

3 Geben Sie alle Zutaten in einen Mixer und pürieren Sie diese, bis die gewünschte Feinheit erreicht ist. Schmecken Sie mit Sojasoße ab.

ASIATISCHES LAKSA-PESTO

4 Port. | 10 Min. | Leicht

Zutaten

200 g Cashewnüsse
6 EL Olivenöl
1 EL Worcester-shiresauce
3 Tassen Laksa-Blätter (vietnamesischer Koriander)
2 Chilischote
3 Knoblauchzehen
3 EL Sojasoße

Nährwerte p. P.

455 kcal
10 g Kohlenhydrate
36 g Fett
20 g Eiweiß

1 Waschen und zupfen Sie den Laksa und geben Sie ihn zusammen mit den anderen Zutaten in einen Mixer.

2 Mixen Sie so lange, bis ein sämiges Pesto entsteht. Schmecken Sie mit Sojasoße ab.

ASIATISCHE PESTOSOßE

4 Port. 10 Min. Leicht

Zutaten

2 kleine Bio-Orangen
60 ml Reisessig
60 ml dunkles Sesamöl
2 Esslöffel Sojasoße
2 Esslöffel Hoisinsoße
2 Teelöffel asiatische Chilisauce
120 g frischer Spinat
20 g frische Korianderblätter
16 frische Basilikumblätter
2 Knoblauchzehen
20 g frische Ingwerwurzel

Nährwerte p. P.

172 kcal
8 g Kohlenhydrate
14 g Fett
3 g Eiweiß

1 Waschen Sie die Orangen mit warmem Wasser und reiben Sie die Schale mit einer feinen Reibe ab. Legen Sie den Abrieb beiseite.

2 Pressen Sie den Saft der Orangen aus.

3 Geben Sie alle Zutaten in einen Mixer und pürieren Sie diese.

SPANISCHES PESTO

6 Port. | 10 Min. | Leicht

Zutaten

80 g Pinienkerne
1 kleine grüne Chilischote
2 Bund Rauke
1 Bund Basilikum
1 Bund Petersilie
100 g Manchego-Käse
1 Orange
120 ml Olivenöl
1 TL Salz

Nährwerte p. P.

270 kcal
5 g Kohlenhydrate
24 g Fett
6 g Eiweiß

1 Rösten Sie die Pinienkerne in einer Pfanne ohne Fett leicht braun.

2 Waschen und hacken Sie die Kräuter sehr fein.

3 Entkernen Sie die Chilischote und geben Sie diese mit den Pinienkernen in einen Zerhacker/Mixer. Zerkleinern Sie darin beides in feine Stückchen.

4 Reiben Sie den Käse mit einer groben Reibe.

5 Häuten und filetieren Sie die Orange und würfeln Sie die Filets.

6 Vermengen Sie alle Zutaten der Liste miteinander und schmecken Sie mit Salz ab.

Tipp: Das spanische Pesto passt wunderbar zu Brot.

ORIENTALISCHES PESTO MIT DATTELN

4 Port. 15 Min. Leicht

Zutaten

100 g getrocknete Tomaten
1 TL Oregano (getrocknet)
70 g Mandelkerne (gehackt)
60 g Pecorino
40 g getrocknete Datteln
2 EL Olivenöl
½ TL Kreuzkümmel (gemahlen)
½ TL Salz
Prise Pfeffer

Nährwerte p. P.

247 kcal
11 g Kohlenhydrate
16 g Fett
12 g Eiweiß

1 Hacken Sie die getrockneten Tomaten grob und geben Sie diese in einen Topf mit 300 ml kochendem Wasser und dem Oregano. Lassen Sie das Ganze 5 Minuten köcheln.

2 Rösten Sie die Mandelkerne in einer Pfanne ohne Fett leicht an.

3 Würfeln Sie die Datteln grob und geben Sie diese in das Kochwasser, nehmen Sie den Topf anschließend von der Herdplatte.

4 Geben Sie das Öl mit in den Topf und pürieren Sie alles mit dem Kochwasser zu einer Soße.

5 Reiben Sie den Käse mit einer Reibe und heben Sie ihn mit den restlichen Zutaten unter die Dattelmasse.

SCHARFES ORIENTALISCHES PESTO

4 Port. | 15 Min. | Leicht

Zutaten

50 g Basilikum
13 getrocknete Tomaten in Öl
50 g Walnusskerne
50 g Parmesan
100 ml Olivenöl
50 ml Chiliöl
2 TL Currypulver
Prise Chiliflocken
½ TL Salz

Nährwerte p. P.

478 kcal
6 g Kohlenhydrate
45 g Fett
11 g Eiweiß

1 Waschen und zupfen Sie das Basilikum.

2 Geben Sie alle Zutaten in einen Mixer und pürieren Sie diese, bis die gewünschte Feinheit erreicht ist.

3 Sollte das Pesto zu dickflüssig sein, können Sie es mit etwas Mineralwasser verdünnen. Schmecken Sie mit Salz und Chili ab.

ORIENTALISCHES PESTO

3 Port. 15 Min. Leicht

Zutaten

6 Tomaten, getrocknet, ohne Öl
2 TL Rosinen
200 ml Gemüsebrühe
1 EL Sesam
2 TL Limettensaft
1 EL Sesamöl
1 Prise Kreuzkümmel
½ TL Paprikapulver
½ TL Chilipulver
½ TL Zimt
1 Prise Muskatnuss
1 Prise Pfeffer

Nährwerte p. P.

139 kcal
5 g Kohlenhydrate
11 g Fett
3 g Eiweiß

1 Weichen Sie die Tomaten und Rosinen für 10 Minuten in der heißen Gemüsebrühe auf.

2 Geben Sie die Trockenfrüchte samt Brühe mit den restlichen Zutaten in einen Mixer und pürieren Sie alles zu einem Pesto.

3 Schmecken Sie anschließend ab. Sollte die Gemüsebrühe das Pesto nicht ausreichend gesalzen haben, salzen Sie nach.

ROTES CURRY-PESTO

3 Port. 25 Min. Leicht

Zutaten

20 g Pecorino
10 g Pinienkerne
50 g Tomaten (getrocknet)
50 ml Olivenöl
80 ml neutrales Öl
3 EL rote Curry-Paste
Prise Salz
Prise Pfeffer

Nährwerte p. P.

416 kcal
2 g Kohlenhydrate
43 g Fett
5 g Eiweiß

1 Rösten Sie die Pinienkerne in einer Pfanne ohne Fett goldbraun.

2 Geben Sie sämtliche Zutaten in einen Mixer und pürieren Sie nach Belieben, bis die gewünschte Feinheit erreicht ist. Schmecken Sie mit Salz und Pfeffer ab.

FRANZÖSISCHES PISTOU

4 Port. 15 Min. Leicht

Zutaten

½ Bund Basilikum
½ Bund Rauke
½ Bund Sauerampfer
1 Knoblauchzehe
1 TL Pinienkerne
2 TL Haselnusskerne
40 g Parmesan
1 Apfel
40 g Ziegenfrischkäse
½ TL Dijon-Senf
1 EL Zitronensaft
150 ml Sonnenblumenöl
½ TL Salz
Prise Zucker
1 Prise Cayennepfeffer

Nährwerte p. P.

445 kcal
9 g Kohlenhydrate
41 g Fett
10 g Eiweiß

1 Rösten Sie die Kerne kurz in einer Pfanne ohne Fett an.

2 Waschen und zupfen Sie die Kräuter.

3 Schälen Sie Knoblauch und Apfel. Geben Sie das Fruchtfleisch des Apfels mit den restlichen Zutaten in einen Mixer und pürieren Sie alles zu einer cremigen Masse.

Süße Pesto-Ideen

SÜẞES MINZ-PESTO

4 Port. 15 Min. Leicht

Zutaten

1 Bund frische Minze
2 Zweige Zitronenmelisse
1 Bio-Zitrone
100 ml Mandelöl
1 Vanilleschote
50 g gehackte Mandeln
3 EL flüssiger Honig

Nährwerte p. P.

348 kcal
9 g Kohlenhydrate
31 g Fett
7 g Eiweiß

1 Waschen und zupfen Sie die Kräuter. Waschen Sie die Zitrone mit warmem Wasser und reiben Sie die Schale mit einer feinen Reibe ab.

2 Schneiden Sie die Vanilleschote mit einem Messer mittig auf und schaben Sie das Mark heraus, nur dieses wird weiterverwendet.

3 Geben Sie 1 TL des Zitronenabriebes mit den restlichen Zutaten in einen Mixer und pürieren Sie das Ganze, bis die gewünschte Konsistenz erreicht ist. Sollte die Masse zu trocken sein, geben Sie ggf. noch Öl hinzu. Schmecken Sie mit Zitronensaft und Honig nach Bedarf ab.

Tipp: Dieses Pesto passt besonders gut zu Erdbeeren.

SÜßES INGWER-ORANGEN-PESTO

4 Port. | 10 Min. | Leicht

Zutaten

100 g Pinienkerne
100 ml Haselnüsse
100 g Zucker
1 Bio-Orange
20 g Ingwer
20 g Parmesan
(alternativ fein geriebene weiße Schokolade)

Nährwerte p. P.

574 kcal
5 g Kohlenhydrate
41 g Fett
11 g Eiweiß

1 Rösten Sie die Pinienkerne ohne Fett in einer Pfanne goldbraun.

2 Reiben Sie die Schale der Orange mit einer feinen Reibe ab und pressen Sie anschließend den Saft aus.

3 Geben Sie 2 TL des Orangenabriebes und ca. 5 EL des Orangensaftes mit den restlichen Zutaten in einen Mixer und pürieren Sie das Ganze, bis die gewünschte Konsistenz erreicht ist.

PESTO MIT LÖWENZAHN-HONIG

4 Port. | 12 Std. 30 Min. | Mittel

Zutaten

Zutaten für den Löwenzahn-Honig:
40 gelbe Löwenzahnblüten
150 ml Wasser
1 EL Zitronensaft
100 g Zucker

Zutaten für das Pesto:
40 g Basilikumblätter
60 g Pinienkerne
30 g Cashewkerne (ungesalzen)
1 TL Hefeflocken
80 ml Rapsöl
3 EL Löwenzahn-Honig
1 Prise Salz

Nährwerte p. P.

369 kcal
29 g Kohlenhydrate
25 g Fett
6 g Eiweiß

1 Schütteln Sie die frisch gepflückten Löwenzahnblüten ab, um Insekten zu entfernen. Geben Sie die Blüten mit dem Wasser und dem Zitronensaft in einen kleinen Topf. Lassen Sie alles aufkochen und 5 Minuten leicht köcheln. Der Sud sollte für ca. 12 Stunden, am besten über Nacht, ruhen.

2 Seihen Sie den Löwenzahnsud durch ein Leintuch ab, geben Sie den Saft in einen Topf und fügen Sie den Zucker hinzu. Lassen Sie alles aufkochen und so lange köcheln, bis der Zuckersaft andickt.

3 Geben Sie, sobald der Sirup abgekühlt ist, 3 EL davon mit den restlichen Pesto-Zutaten in einen Mixer und pürieren Sie das Ganze, bis die gewünschte Feinheit erreicht ist.

DATTEL-INGWER-PESTO

4 Port. | 10 Min. | Leicht

Zutaten

200 g frische Datteln (sollten keine frischen zur Hand sein, verwenden Sie getrocknete)
4 cm Ingwer
40 g Cashewkerne
25 g Pistazien
2 EL Rosinen
½ TL Zimtpulver

Nährwerte p. P.

260 kcal
41 g Kohlenhydrate
8 g Fett
5 g Eiweiß

1 Weichen Sie die Rosinen (sollten Sie getrocknete Datteln verwenden, hacken Sie diese und geben sie zu den Rosinen) in etwas Wasser für 20 Minuten ein. Es sollte nur so viel Wasser verwendet werden, dass die Trockenfrüchte gerade so bedeckt sind.

2 Häuten und entkernen Sie die frischen Datteln.

3 Geben Sie alle Zutaten bis auf die Kerne in einen Mixer und pürieren Sie diese.

4 Geben Sie nun die Nüsse hinzu und mixen Sie, bis die Nüsse noch in kleinen Stücken vorhanden sind.